AF188356

Impressum
Verlag: BABADADA GmbH, Nedderfeld 112 , 22529 Hamburg
Geschäftsführer / Verlagsleitung: Harald Hof
Druck: Books on Demand GmbH, In de Tarpen 42, 22848 Norderstedt

Imprint
Publisher: BABADADA GmbH, Nedderfeld 112 , 22529 Hamburg, Germany
Managing Director / Publishing direction: Harald Hof
Print: Books on Demand GmbH, In de Tarpen 42, 22848 Norderstedt

school

σχολείο

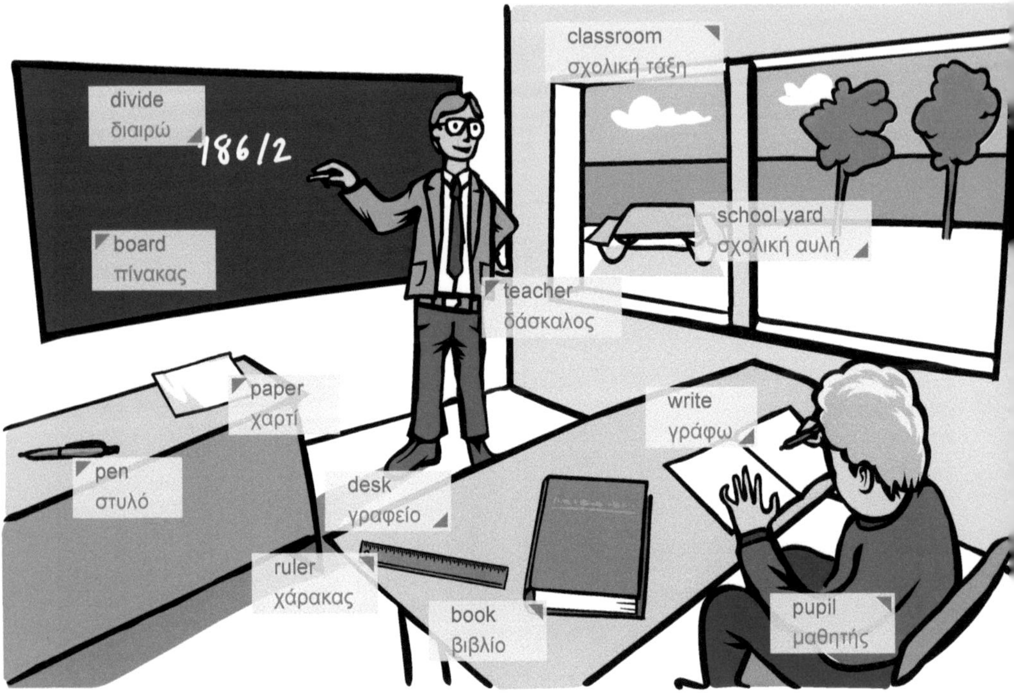
classroom
σχολική τάξη
divide
διαιρώ
186/2
board
πίνακας
school yard
σχολική αυλή
teacher
δάσκαλος
paper
χαρτί
write
γράφω
pen
στυλό
desk
γραφείο
ruler
χάρακας
book
βιβλίο
pupil
μαθητής

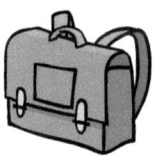

satchel
σχολική τσάντα

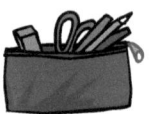

pencil case
κασετίνα/ μολυβοθήκη

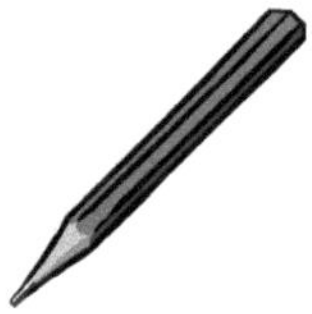

pencil
μολύβι

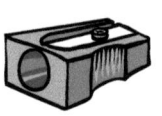

pencil sharpener
ξύστρα

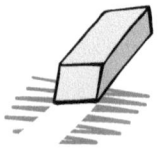

rubber
γόμα

drawing pad
μπλοκ ζωγραφικής

drawing	paintbrush	paint box
ζωγραφική	πινέλο	κουτί χρωμάτων

scissors	glue	exercise book
ψαλίδι	κόλλα	τετράδιο ασκήσεων

homework	number	add
εργασία για το σπίτι	αριθμός	προσθέτω

subtract	multiply	calculate
αφαιρώ	πολλαπλασιάζω	υπολογίζω

letter	alphabet	word
γράμμα	αλφάβητο	λέξη

text

κείμενο

read

διαβάζω

chalk

κιμωλία

lesson

μάθημα

register

εγγράφομαι

examination

τεστ

certificate

πιστοποιητικό

school uniform

μαθητική στολή

education

εκπαίδευση

encyclopedia

εγκυκλοπαίδεια

university

πανεπιστήμιο

microscope

μικροσκόπιο

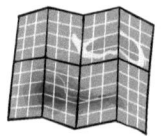

map

χάρτης

waste-paper basket

καλάθι αχρήστων

travel
ταξίδι

hotel
ξενοδοχείο
Grand
hostel
ξενώνας
ROOMS
currency exchange office
ανταλλακτήρια συναλλάγματος
car
αυτοκίνητο

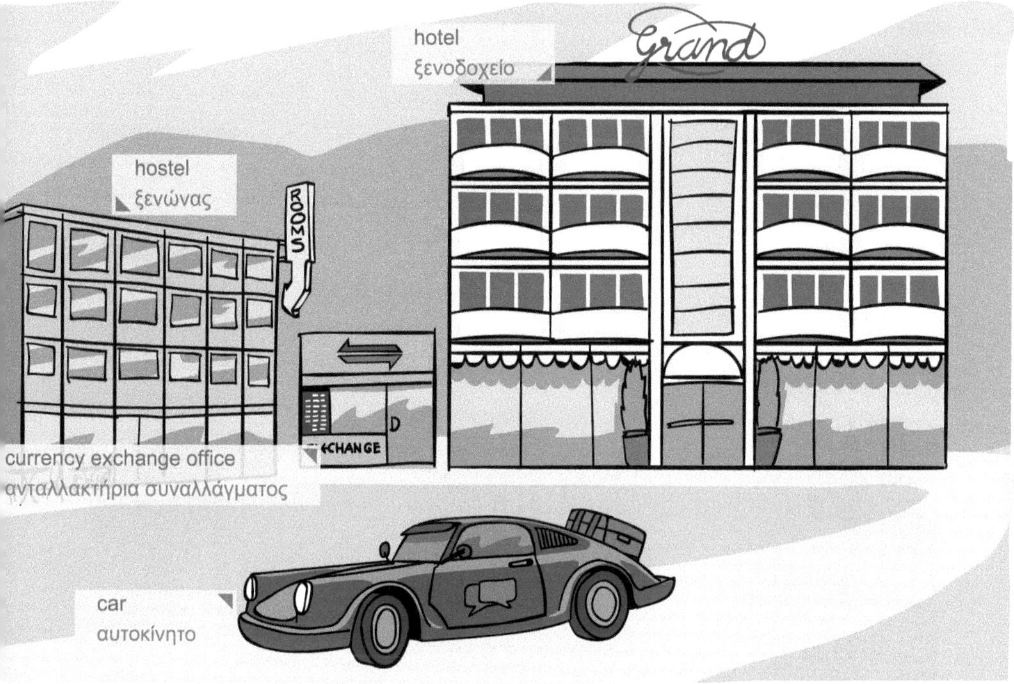

language
γλώσσα

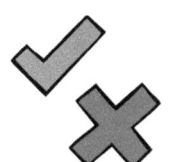

yes / no
ναι / όχι

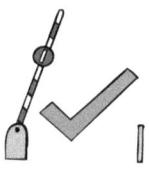

Okay
εντάξει

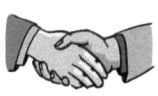

hello
γεια σου

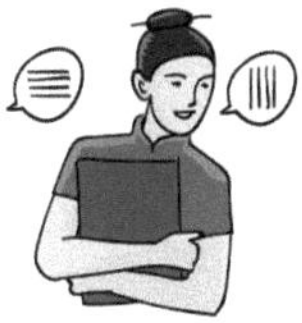

translator
μεταφραστής

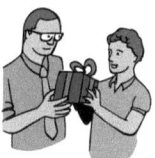

Thank you
Ευχαριστώ

how much is...?

πόσο κάνει ;

I don´t get it

Δε καταλαβαίνω

problem

πρόβλημα

Good evening!

Καλησπέρα!

Good morning!

Καλημέρα!

Good night!

Καληνύχτα!

goodbye

Αντίο

direction

κατεύθυνση

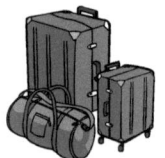

luggage

αποσκευές

bag

τσάντα

backpack

σακίδιο πλάτης

guest

καλεσμένος

room

δωμάτιο

sleeping bag

υπνόσακος

tent

σκηνή

tourist information	beach	credit card
·ουριστικές πληροφορίες	παραλία	πιστωτική κάρτα

breakfast	lunch	dinner
πρωινό	μεσημεριανό	δείπνο

Ticket	elevator	stamp
εισιτήριο	ανελκυστήρας	γραμματόσημο

border	customs	embassy
σύνορα	τελωνείο	πρεσβεία

visa	passport	
βίζα	διαβατήριο	

transport

μεταφορά

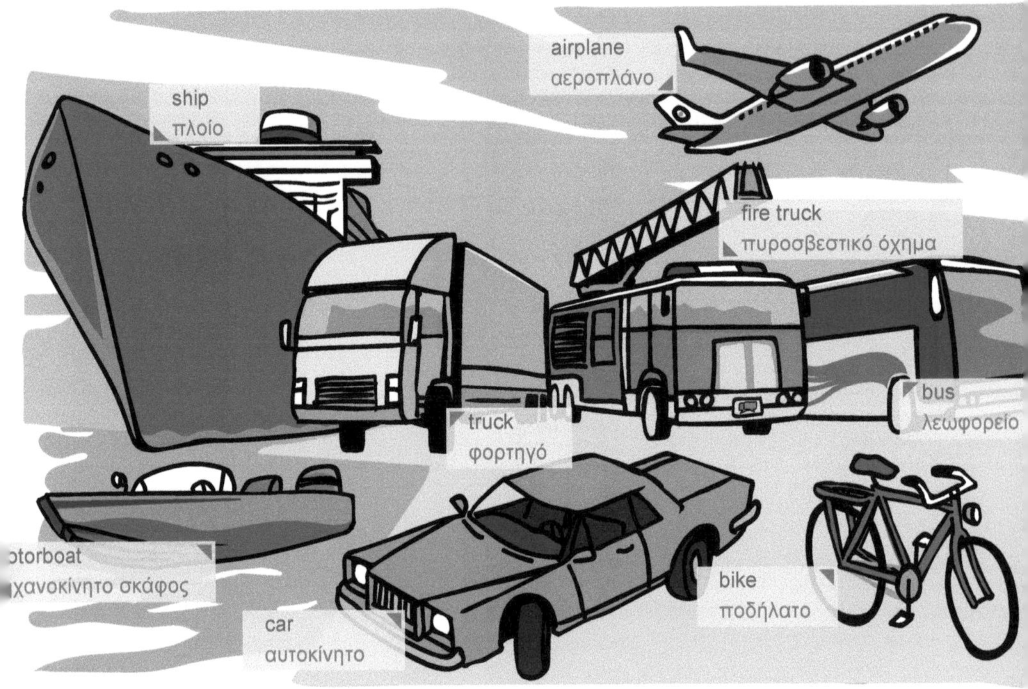
airplane
αεροπλάνο
ship
πλοίο
fire truck
πυροσβεστικό όχημα
truck
φορτηγό
bus
λεωφορείο
otorboat
χανοκίνητο σκάφος
bike
ποδήλατο
car
αυτοκίνητο

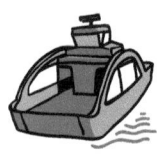

ferry
φεριμπότ

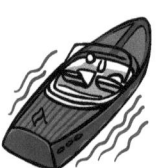

boat
βάρκα

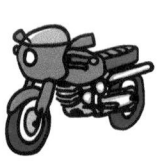

motorbike
μοτοσικλέτα

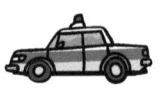

police car
περιπολικό

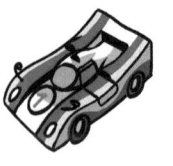

racing car
αγωνιστικό αυτοκίνητο

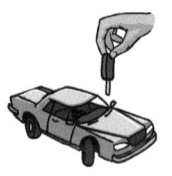

rental car
ενοικιαζόμενο αυτοκίνητο

car sharing

αμοιρασμός αυτοκινήτων

tow truck

γερανός

garbage truck

απορριμματοφόρο

engine

κινητήρας

fuel

καύσιμο

fuel station

βενζινάδικο

traffic sign

πινακίδα σήμανσης

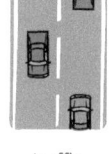

traffic

κυκλοφορία

traffic jam

κυκλοφοριακή συμφόρηση

parking lot

χώρος στάθμευσης

train station

σιδηροδρομικός σταθμός

tracks

σιδηροδρομικές γραμμές

train

τρένο

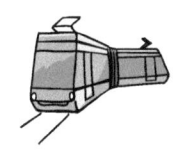

tram

τραμ

wagon

βαγόνι

helicopter

ελικόπτερο

airport

αεροδρόμιο

tower

πύργος

passenger

επιβάτης

container

εμπορευματοκιβώτιο

carton

χαρτοκιβώτιο

cart

καρότσι

basket

καλάθι

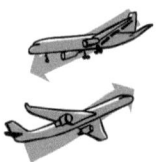

take off / land

απογειώνομαι /
προσγειόνομαι

city
πόλη

village

χωριό

city center

κέντρο της πόλης

house

σπίτι

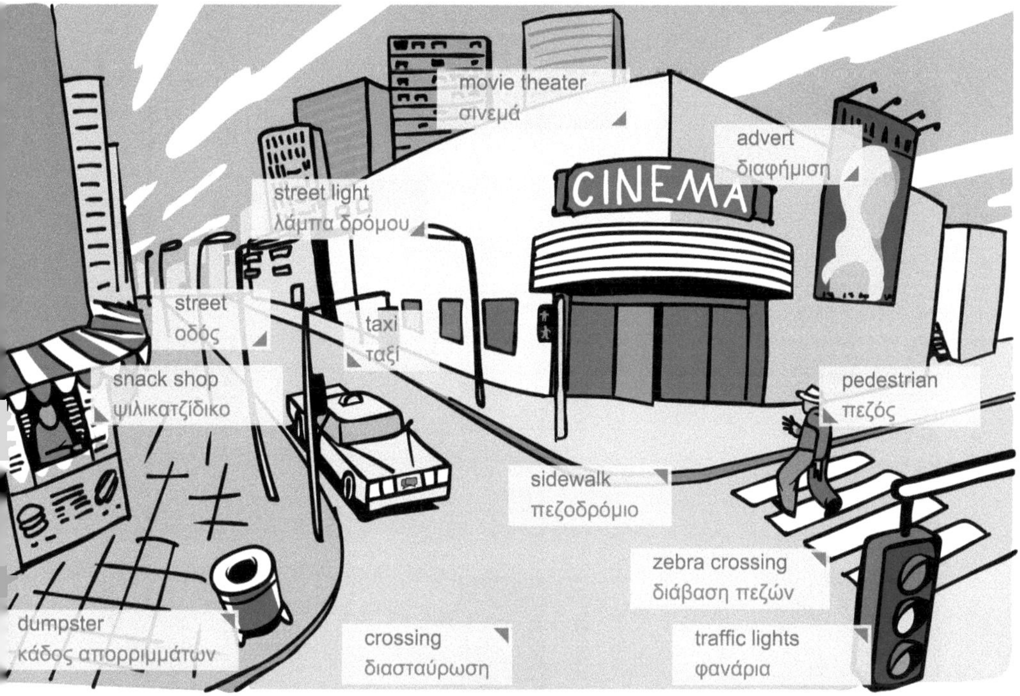

movie theater
σινεμά
CINEMA
advert
διαφήμιση
street light
λάμπα δρόμου
street
οδός
taxi
ταξί
snack shop
ψιλικατζίδικο
pedestrian
πεζός
sidewalk
πεζοδρόμιο
zebra crossing
διάβαση πεζών
dumpster
κάδος απορριμμάτων
crossing
διασταύρωση
traffic lights
φανάρια

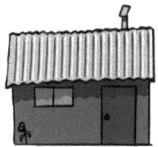

hut

καλύβα

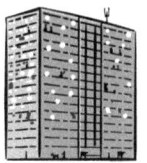

apartment

διαμέρισμα

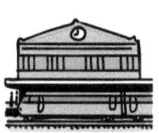

train station

σιδηροδρομικός σταθμός

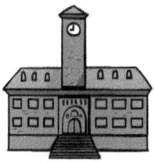

city hall

δημαρχείο

MUSEUM

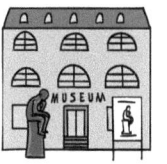

museum

μουσείο

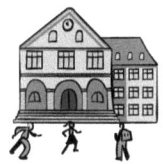

school

σχολείο

university

πανεπιστήμιο

bank

τράπεζα

hospital

νοσοκομείο

hotel

ξενοδοχείο

pharmacy

φαρμακείο

office

γραφείο

book shop

βιβλιοπωλείο

shop

κατάστημα

flower shop

ανθοπωλείο

supermarket

σούπερ μάρκετ

market

αγορά

department store

πολυκατάστημα

fishmonger's shop

ιχθυοπωλείο

mall

εμπορικό κέντρο

harbor

λιμάνι

park	bench	bridge
πάρκο	παγκάκι	γέφυρα

stairs	subway	tunnel
σκάλες	μετρό	τούνελ

bus stop	bar	restaurant
στάση λεωφορείου	μπαρ	εστιατόριο

postbox	street sign	parking meter
γραμματοκιβώτιο	πινακίδα δρόμου	παρκόμετρο
	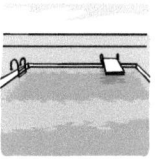	
zoo	swimming pool	mosque
ζωολογικός κήπος	πισίνα	τζαμί

farm

αγρόκτημα

pollution

ρύπανση

cemetery

νεκροταφείο

church

εκκλησία

playground

παιδική χαρά

temple

ναός

landscape
τοπίο

signpost
πινακίδα κατεύθυνσης

path
δρόμος

meadow
λιβάδι

stone
πέτρα

tree
δέντρο

hiker
πεζοπόρος

river
ποτάμι

grass
χορτάρι

flower
λουλούδι

valley
κοιλάδα

hill
λόφος

lake
λίμνη

forest
δάσος

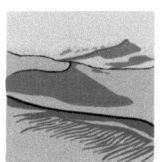

desert
έρημος

volcano
ηφαίστειο

castle
κάστρο

rainbow
ουράνιο τόξο

mushroom
μανιτάρι

palm tree
φοίνικας

mosquito
κουνούπι

fly
μύγα

ant
μυρμήγκι

bee
μέλισσα

spider
αράχνη

beetle

σκαθάρι

frog

βάτραχος

squirrel

σκίουρος

hedgehog

σκαντζόχοιρος

hare

λαγός

owl

κουκουβάγια

bird

πουλί

swan

κύκνος

boar

αγριογούρουνο

deer

ελάφι

moose

άλκη

dam

φράγμα

wind turbine

ανεμογεννήτρια

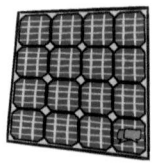

solar panel

ηλιακός συλλέκτης

climate

κλίμα

landscape - τοπίο

restaurant

εστιατόριο

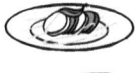

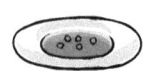

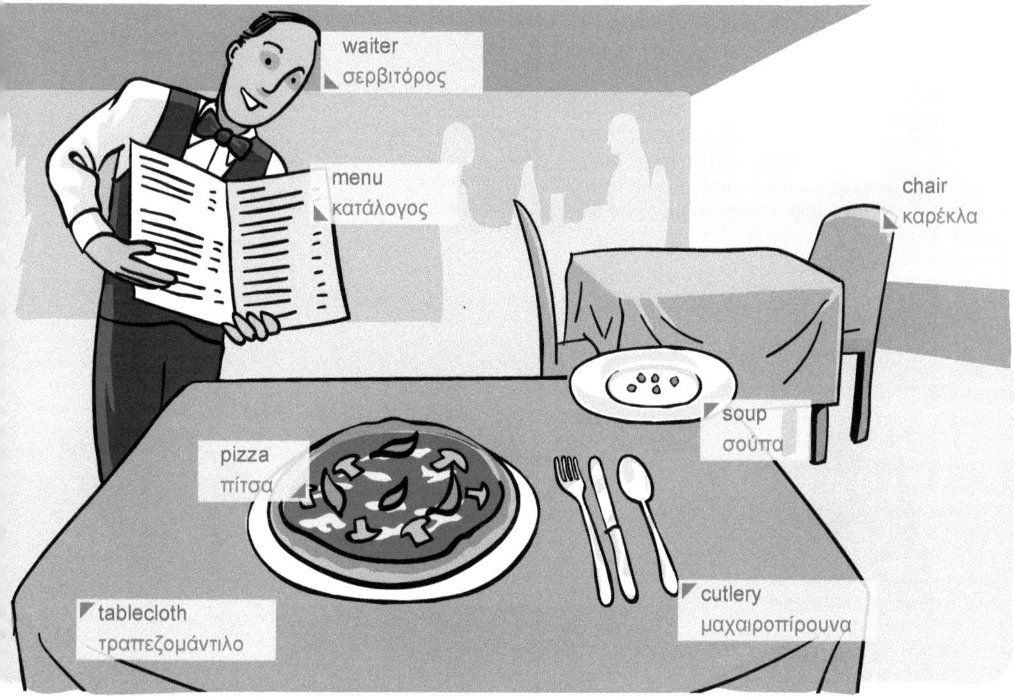
waiter
σερβιτόρος
menu
κατάλογος
chair
καρέκλα
soup
σούπα
pizza
πίτσα
cutlery
μαχαιροπίρουνα
tablecloth
τραπεζομάντιλο

starter
....
ορεκτικό

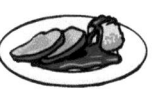

main course
....
κύριο πιάτο

dessert
....
επιδόρπιο

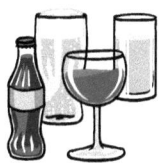

drinks
....
ποτά

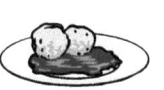

food
....
φαγητό

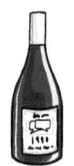

bottle
....
μπουκάλι

fast food

φαστ φουντ

street food

φαγητό στ' όρθιο

teapot

τσαγιέρα

sugar bowl

δοχείο ζάχαρης

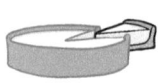

portion

μερίδα

espresso machine

μηχανή εσπρέσο

high chair

ψηλή καρέκλα

bill

λογαριασμός

tray

δίσκος

knife

μαχαίρι

fork

πιρούνι

spoon

κουτάλι

teaspoon

κουταλάκι του τσαγιού

serviette

πετσέτα φαγητού

glass

ποτήρι

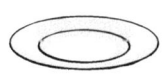

plate
πιάτο

soup plate
πιάτο σούπας

saucer
πιατάκι φλιτζανιού

sauce
σάλτσα

salt shaker
αλατιέρα

pepper mill
μύλος για πιπέρι

vinegar
ξύδι

oil
λάδι

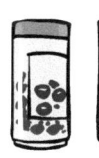

spices
μπαχαρικά

ketchup
κέτσαπ

mustard
μουστάρδα

mayonnaise
μαγιονέζα

supermarket

σούπερ μάρκετ

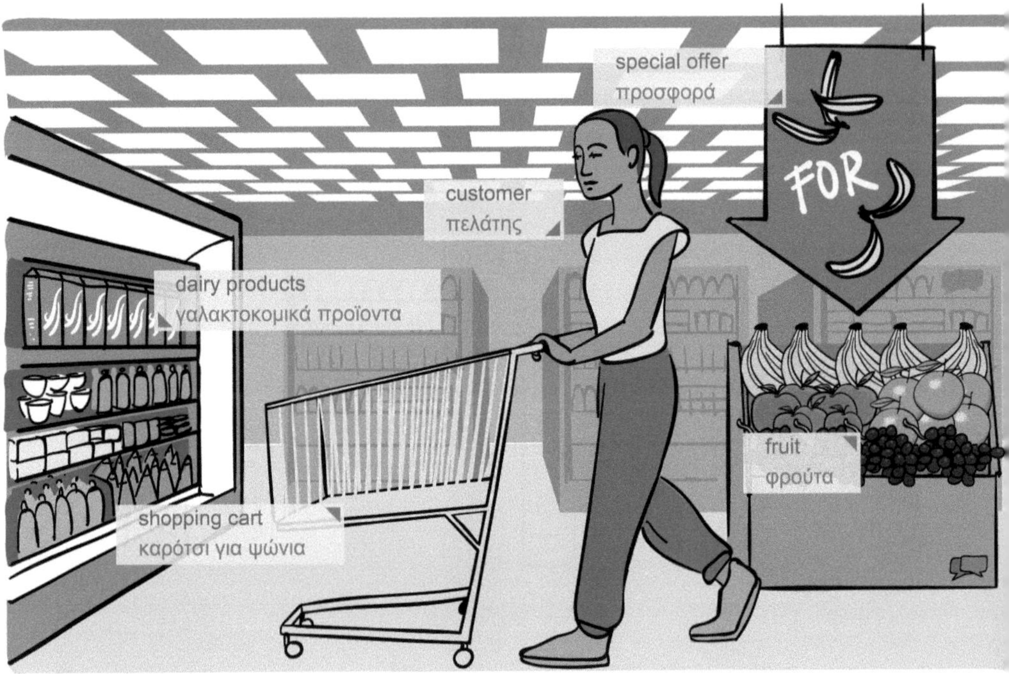

special offer
προσφορά
FOR
customer
πελάτης
dairy products
γαλακτοκομικά προϊόντα
fruit
φρούτα
shopping cart
καρότσι για ψώνια

BUTCHERS
butcher's shop

κρεοπωλείο

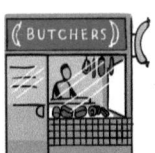

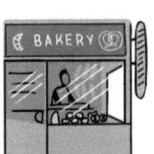

BAKERY
bakery

φούρνος

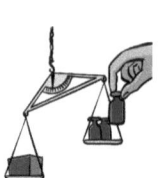

weigh

ζυγίζω

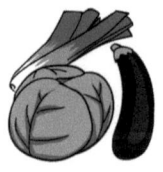

vegetables

λαχανικά

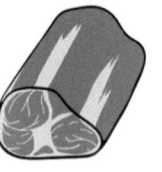

meat

κρέας

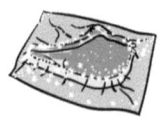

frozen food

κατεψυγμένα τρόφιμα

cold cuts

αλλαντικά

canned food

κονσερβοποιημένη τροφή

detergent

απορρυπαντικό ρούχων

candy

γλυκά

household products

οικιακά είδη

cleaning products

καθαριστικά προϊόντα

sales representative

πωλήτρια

cash register

ταμείο

cashier

ταμίας

shopping list

λίστα για ψώνια

opening hours

ωράριο λειτουργίας

wallet

πορτοφόλι

credit card

πιστωτική κάρτα

bag

τσάντα

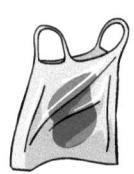

plastic bag

πλαστική σακούλα

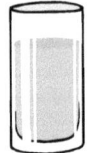

water

νερό

juice

χυμός

milk

γάλα

coke

κόκα κόλα

wine

κρασί

beer

μπίρα

alcohol

αλκοόλ

cocoa

κακάο

tea

τσάι

coffee

καφές

espresso

εσπρέσο

cappuccino

καπουτσίνο

banana

μπανάνα

apple

μήλο

orange

πορτοκάλι

melon

πεπόνι

lemon

λεμόνι

carrot

καρότο

garlic

σκόρδο

bamboo

μπαμπού

onion

κρεμμύδι

mushroom

μανιτάρι

nuts

ξηροί καρποί

noodles

νουντλς

spaghetti

μακαρόνια

rice

ρύζι

salad

σαλάτα

fries

πατατάκια

fried potatoes

τηγανητές πατάτες

pizza

πίτσα

hamburger

χάμπουργκερ

sandwich

σάντουιτς

escalope

κοτολέτα

ham

ζαμπόν

salami

σαλάμι

sausage

λουκάνικο

chicken

κοτόπουλο

roast

ψητό

fish

ψάρι

porridge oats

χυλός βρώμης

muesli

μούσλι

cornflakes

κορν φλέικς

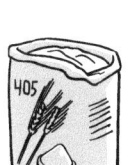

flour

αλεύρι

croissant

κρουασάν

bread roll

ψωμάκι

bread

ψωμί

toast

τοστ

cookies

μπισκότα

butter

βούτυρο

curd

τυρόπηγμα

cake

κέικ

egg

αυγό

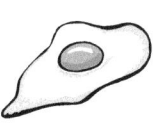

fried egg

τηγανητό αυγό

cheese

τυρί

ice cream

παγωτό

sugar

ζάχαρη

honey

μέλι

jelly

μαρμελάδα

nougat cream

άλλειμμα σοκολάτας

curry

κάρυ

food - φαγητό

farm
αγρόκτημα

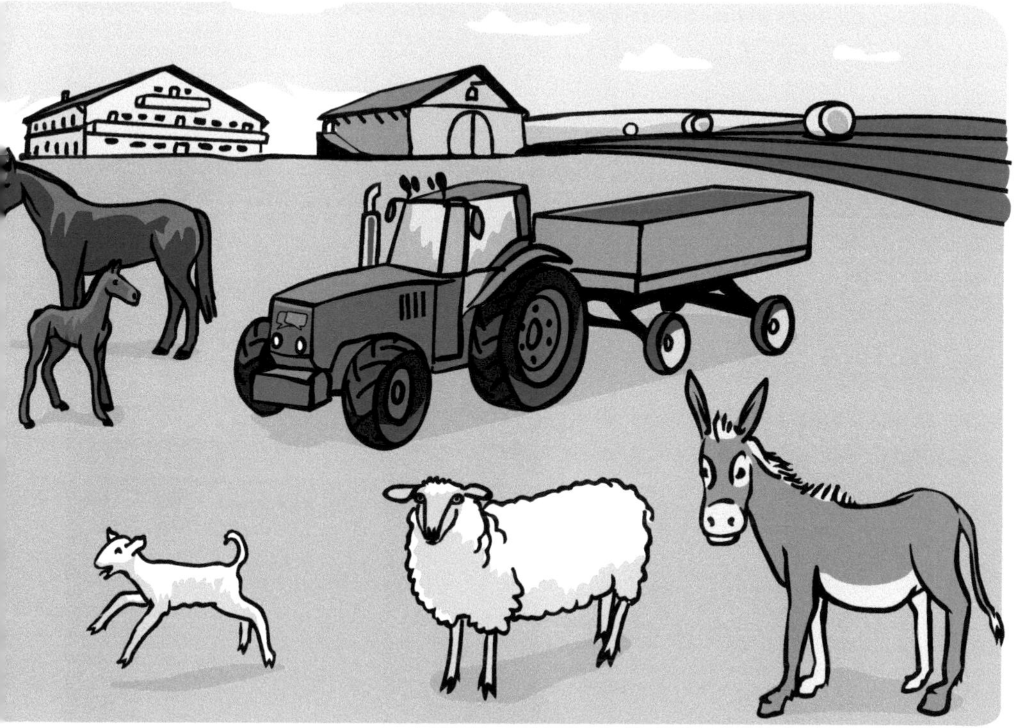

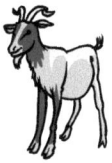

goat

κατσίκα

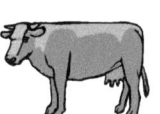

cow

αγελάδα

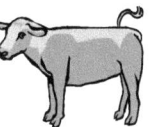

calf

μοσχαράκι

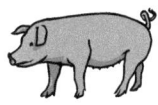

pig

γουρούνι

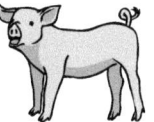

piglet

γουρουνάκι

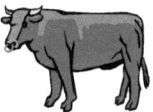

bull

ταύρος

goose

χήνα

duck

πάπια

chick

κοτοπουλάκι

hen

κότα

cockerel

κόκορας

rat

αρουραίος

cat

γάτα

mouse

ποντίκι

ox

βόδι

dog

σκύλος

dog house

σπιτάκι σκύλου

garden hose

λάστιχο κήπου

watering can

ποτιστήρι

scythe

θεριστήρι

plow

αλέτρι

farm - αγρόκτημα

sickle
δρεπάνι

hoe
τσάπα

pitchfork
δίκρανο

axe
τσεκούρι

pushcart
χειράμαξα

trough
ταΐστρα

milk can
δοχείο γάλακτος

sack
σάκος

fence
φράχτης

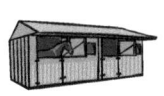

stable
στάβλος

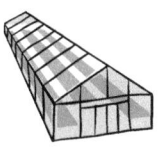

greenhouse
θερμοκήπιο

soil
έδαφος

seed
σπόρος

fertilizer
λίπασμα

combine harvester
θεριζοαλωνιστική μηχανή

harvest

θερίζω

harvest

συγκομιδή

yams

γιαμς

wheat

σιτάρι

soya

σόγια

potato

πατάτα

corn

καλαμπόκι

rapeseed

κράμβη

fruit tree

οπωροφόρο δέντρο

manioc

μανιόκα

grain

δημητριακά

farm - αγρόκτημα

living room

σαλόνι

bathroom

μπάνιο

kitchen

κουζίνα

bedroom

υπνοδωμάτιο

kids room

παιδικό δωμάτιο

dining room

τραπεζαρία

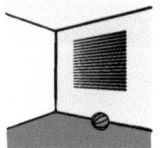

floor

πάτωμα

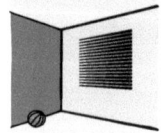

wall

τοίχος

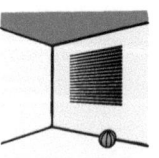

ceiling

οροφή

cellar

κελάρι

sauna

σάουνα

balcony

μπαλκόνι

terrace

βεράντα

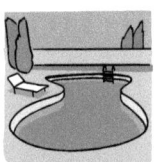

pool

πισίνα

lawn mower

μηχανή του γκαζόν

sheet

σεντόνι

bedspread

κάλυμμα κρεβατιού

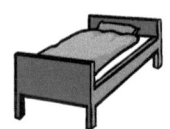

bed

κρεβάτι

broom

σκούπα

bucket

κουβάς

switch

διακόπτης

living room
σαλόνι

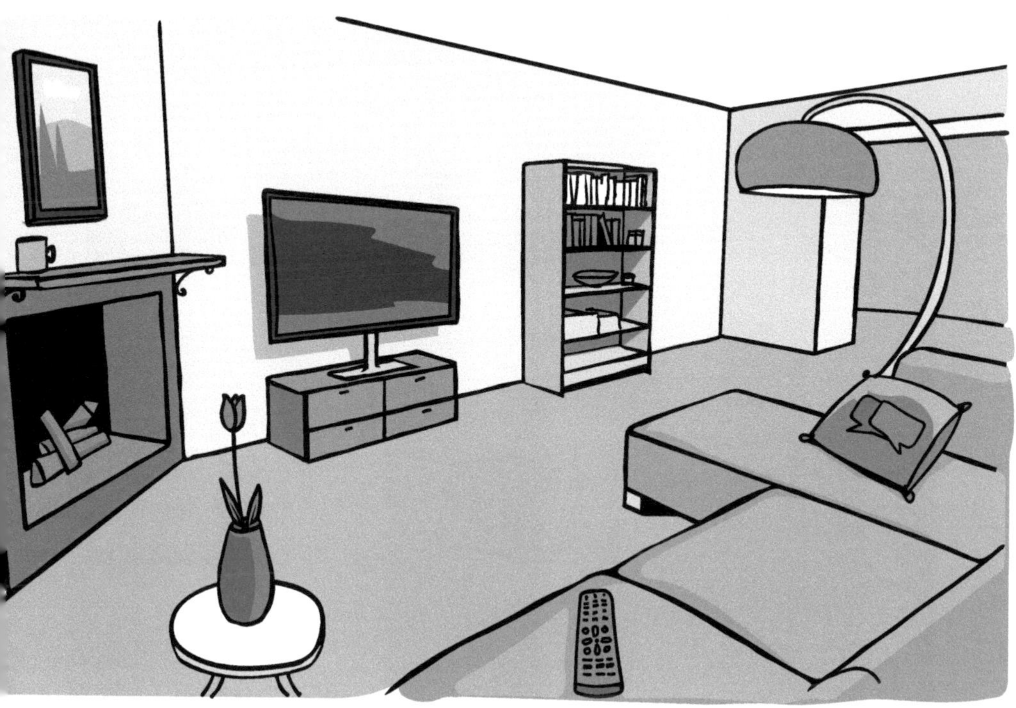

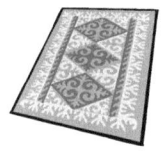

carpet

χαλί

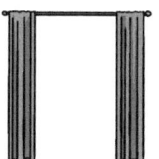

drape

κουρτίνα

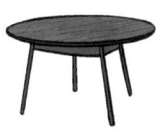

table

τραπέζι

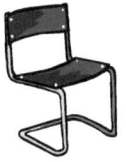

chair

καρέκλα

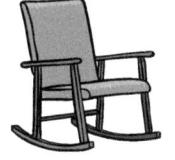

rocking chair

κουνιστή πολυθρόνα

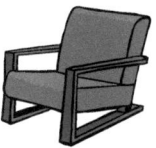

armchair

πολυθρόνα

book

βιβλίο

blanket

κουβέρτα

decoration

διακόσμηση

firewood

καυσόξυλα

film

ταινία

stereo system

στερεοφωνικό σύστημα

key

κλειδί

newspaper

εφημερίδα

painting

πίνακας ζωγραφικής

poster

αφίσα

radio

ραδιόφωνο

notebook

σημειωματάριο

vacuum cleaner

ηλεκτρική σκούπα

cactus

κάκτος

candle

κερί

kitchen
κουζίνα

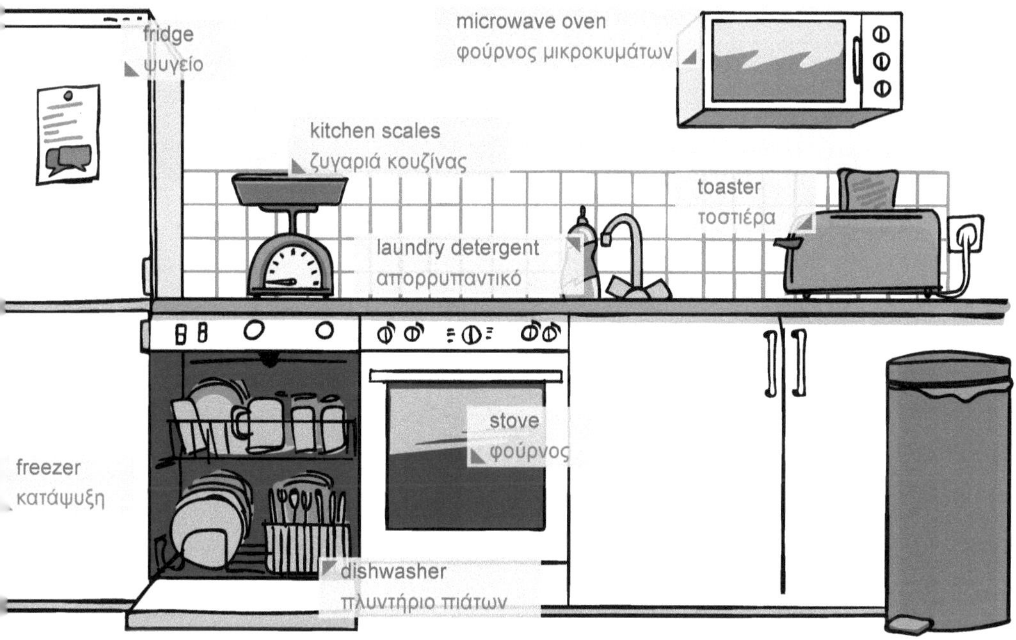
fridge
ψυγείο
microwave oven
φούρνος μικροκυμάτων
kitchen scales
ζυγαριά κουζίνας
toaster
τοστιέρα
laundry detergent
απορρυπαντικό
stove
φούρνος
freezer
κατάψυξη
dishwasher
πλυντήριο πιάτων

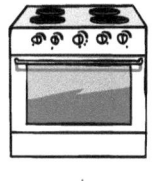

cooker
κουζίνα

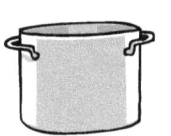

pot
κατσαρόλα

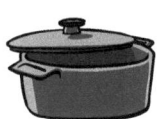

cast-iron pot
μαντεμένια κατσαρόλα

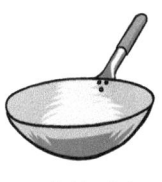

wok / kadai
γουόκ/καντάι

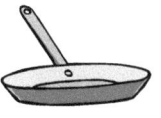

pan
τηγάνι

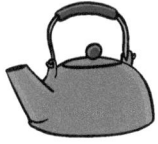

kettle
βραστήρας

steamer

ατμομάγειρας

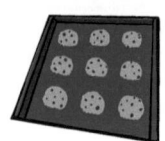

baking tray

ταψί

crockery

πιατικά

mug

κούπα

bowl

μπολ

chopsticks

ξυλάκια

ladle

κουτάλα

spatula

σπάτουλα

whisk

ανακατεύω

strainer

σουρωτήρι

sieve

σουρωτηράκι

grater

τρίφτης

mortar

γουδί

barbecue

ψησταριά

fireplace

ανοιχτή φωτιά

chopping board

σανίδα κοπής

rolling pin

πλάστης

corkscrew

ανοιχτήρι φελλών

can

κονσέρβα

can opener

ανοιχτήρι κονσέρβας

oven cloth

γάντι φούρνου

sink

νεροχύτης

brush

βούρτσα

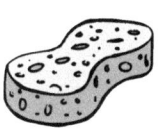

sponge

σφουγγάρι

blender

μπλέντερ

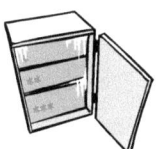

deep freezer

καταψύκτης

baby bottle

μπιμπερό

tap

βρύση

bathroom

μπάνιο

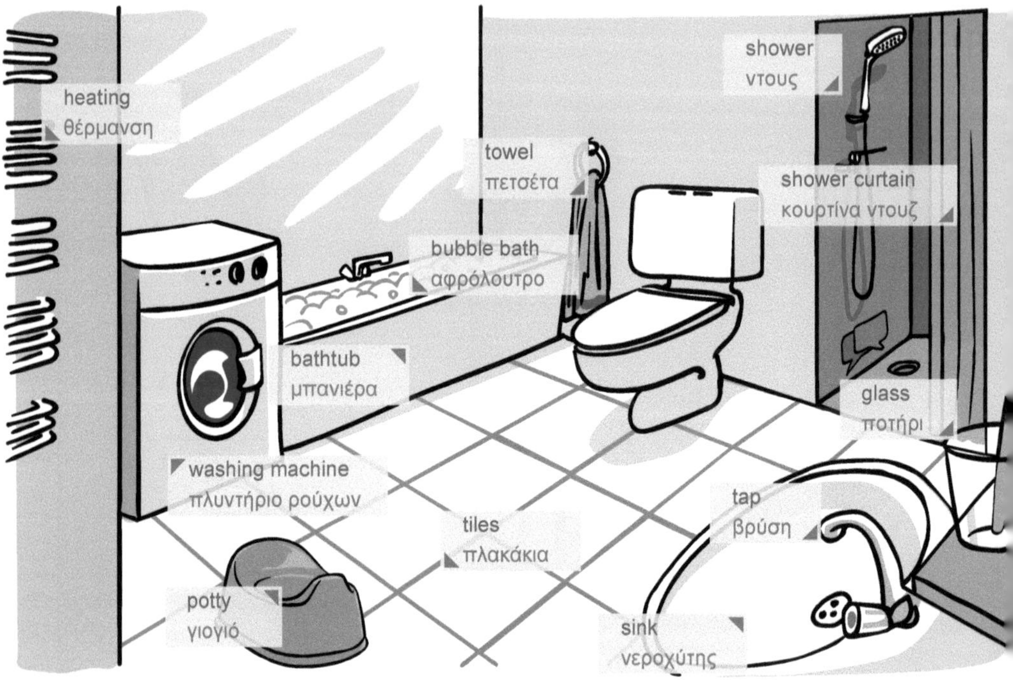

heating
θέρμανση
shower
ντους
towel
πετσέτα
shower curtain
κουρτίνα ντουζ
bubble bath
αφρόλουτρο
bathtub
μπανιέρα
glass
ποτήρι
washing machine
πλυντήριο ρούχων
tap
βρύση
tiles
πλακάκια
potty
γιογιό
sink
νεροχύτης

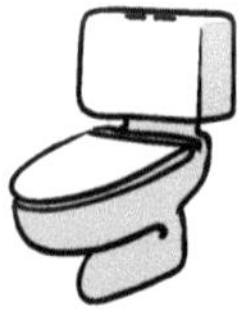

toilet

τουαλέτα

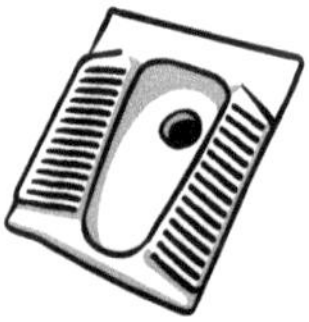

squat toilet

τούρκικη τουαλέτα

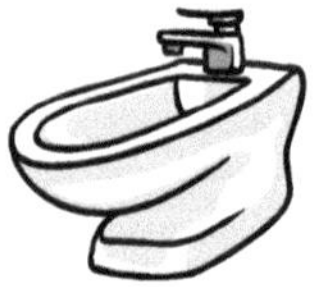

bidet

μπιντές

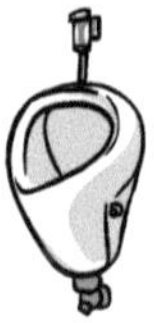

urinal

ουρητήριο

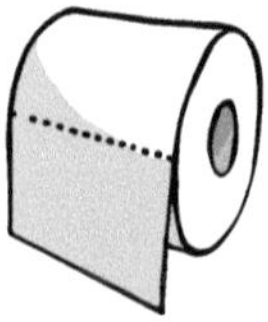

toilet paper

χαρτί υγείας

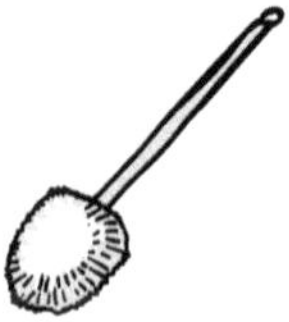

toilet brush

πιγκάλ

toothbrush
οδοντόβουρτσα

toothpaste
οδοντόκρεμα

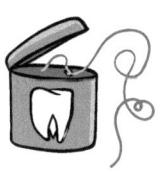

dental floss
οδοντικό νήμα

wash
πλένω

hand shower
τηλέφωνο ντους

douche
ντουσιέρα

basin
λεκάνη

back brush
βούρτσα πλάτης

soap
σαπούνι

shower gel
αφρόλουτρο

shampoo
σαμπουάν

flannel
φανέλα

drain
σιφόνι

creme
κρέμα

deodorant
αποσμητικό

mirror

καθρέφτης

hand mirror

καθρέφτης χειρός

razor

ξυραφάκι

shaving foam

αφρός ξυρίσματος

aftershave

αφτερσέιβ

comb

χτένα

brush

βούρτσα

hair-dryer

σεσουάρ

hairspray

λακ

makeup

μακιγιάζ

lipstick

κραγιόν

nail varnish

βερνίκι νυχιών

cotton wool

βαμβάκι

nail scissors

ψαλίδι νυχιών

perfume

άρωμα

washbag

νεσεσέρ

stool

σκαμπό

weighing scales

ζυγαριά

bathrobe

μπουρνούζι

rubber gloves

ελαστικά γάντια

tampon

ταμπόν

sanitary towel

πετσέτα υγιεινής

chemical toilet

χημική τουαλέτα

kids room

παιδικό δωμάτιο

alarm clock
ξυπνητήρι
cuddly toy
λούτρινο ζωάκι
toy car
αυτοκινητάκι
rattle
κουδουνίστρα
doll's house
κουκλόσπιτο
present
δώρο

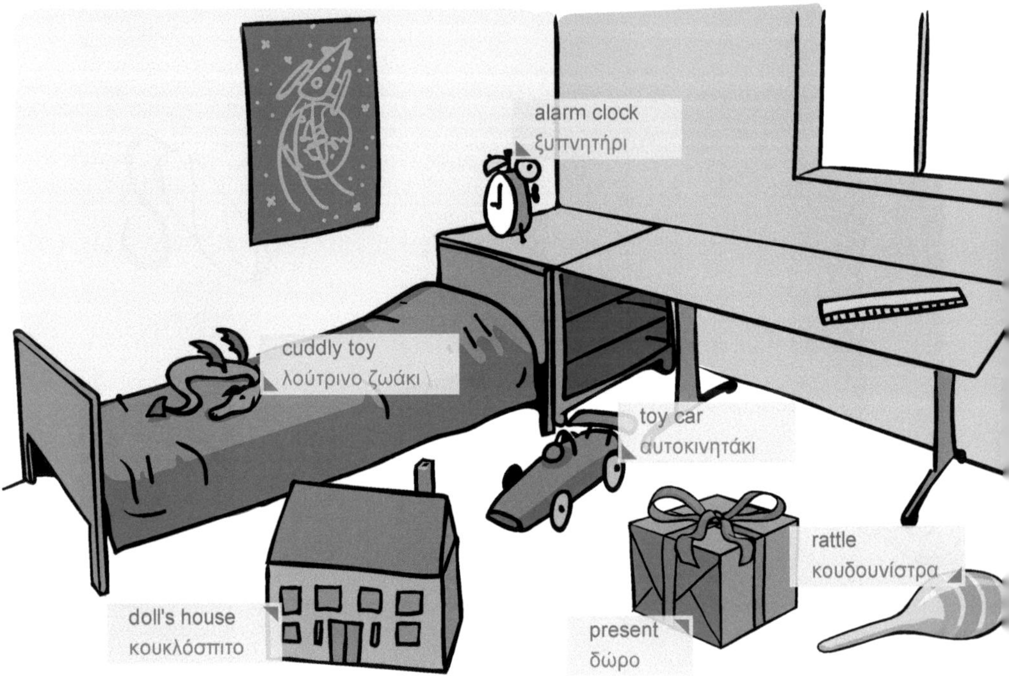

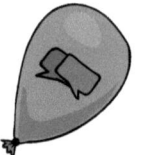

balloon

μπαλόνι

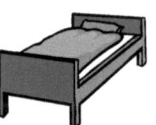

bed

κρεβάτι

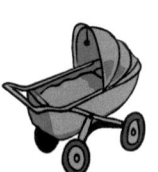

stroller

καροτσάκι

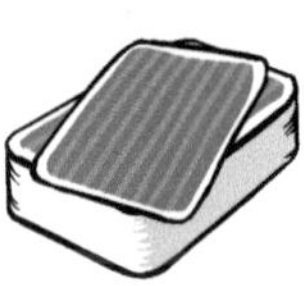

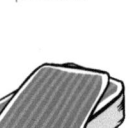

deck of cards

τράπουλα

jigsaw

παζλ

SUPER
MEGA

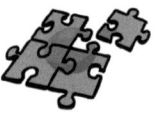

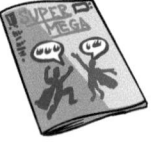

comic

κόμικς

lego bricks

τουβλάκια lego

toy blocks

τουβλάκια κατασκευών

action figure

φιγούρα δράσης

romper suit

βρεφικό φορμάκι

frisbee

φρίσμπι

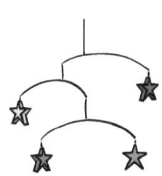

mobile

μόμπιλο

board game

επιτραπέζιο παιχνίδι

dice

ζάρια

model train set

σετ τρενάκι

pacifier

πιπίλα

party

πάρτι

picture book

εικονογραφημένο βιβλίο

ball

μπάλα

doll

κούκλα

play

παίζω

sandpit

σκάμμα με άμμο

swing

κούνια

toys

παιχνίδια

video game console

κονσόλα βιντεοπαιχνιδιών

tricycle

τρίκυκλο

teddy bear

αρκουδάκι

wardrobe

ντουλάπα

clothing

ρούχα

socks

κάλτσες

stockings

καλτσοδέτες

tights

καλσόν

scarf
κασκόλ

belt
ζώνη

umbrella
ομπρέλα

t-shirt
μπλουζάκι

boots
μπότες

slippers
παντόφλες

sneakers
αθλητικά παπούτσια

sandals
σανδάλια

shoes
παπούτσια

rubber boots
γαλότσες

underwear
εσώρουχο

bra
σουτιέν

undershirt
φανέλα

clothing - ρούχα

body

σώμα

pants

παντελόνι

jeans

τζιν παντελόνι

skirt

φούστα

blouse

μπλούζα

shirt

πουκάμισο

pullover

πουλόβερ

sweater

πουλόβερ

blazer

σακάκι

jacket

μπουφάν

coat

παλτό

raincoat

αδιάβροχο πανωφόρι

costume

κοστούμι

dress

φόρεμα

wedding dress

νυφικό

suit
κοστούμι

nightgown
νυχτικό

pajamas
πιτζάμες

sari
σάρι

headscarf
μαντήλι

turban
τουρμπάνι

burka
μπούρκα

kaftan
καφτάνι

abaya
μουσουλμανικό ένδυμα

swimsuit
ολόσωμο μαγιό

trunks
ανδρικό μαγιό

shorts
σορτς

tracksuit
αθλητική φόρμα

apron
ποδιά

gloves
γάντια

button

κουμπί

glasses

γυαλιά

bracelet

βραχιόλι

necklace

περιδέραιο

ring

δαχτυλίδι

earring

σκουλαρίκι

cap

καπέλο

coat hanger

κρεμάστρα

hat

καπέλο

tie

γραβάτα

zip

φερμουάρ

helmet

κράνος

braces

τιράντες

school uniform

μαθητική στολή

uniform

στολή

bib
σαλιάρα

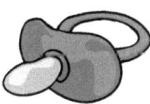

pacifier
πιπίλα

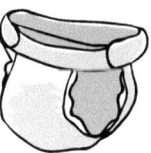

diaper
πάνα

office
γραφείο

server
σέρβερ

filing cabinet
αρχειοθήκη

printer
εκτυπωτής

monitor
οθόνη

paper
χαρτί

desk
γραφείο

mouse
ποντίκι

folder
ντοσιέ

keyboard
πληκτρολόγιο

waste-paper basket
καλάθι αχρήστων

computer
υπολογιστής

chair
καρέκλα

coffee mug
κούπα του καφέ

calculator
κομπιουτεράκι

internet
ίντερνετ

laptop

λάπτοπ

letter

γράμμα

message

μήνυμα

cell phone

κινητό

network

δίκτυο

photocopier

φωτοτυπικό μηχάνημα

software

λογισμικό

telephone

τηλέφωνο

plug socket

πρίζα

fax machine

συσκευή φαξ

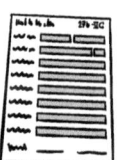

form

έντυπο

document

έγγραφο

buy

αγοράζω

pay

πληρώνω

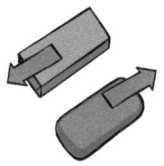

trade

συναλλάσσομαι

money

χρήματα

dollar

δολάριο

euro

ευρώ

yen

γιεν

rouble

ρούβλι

Swiss franc

ελβετικό φράγκο

renminbi yuan

ρενμίνμπι γιουάν

rupee

ρουπία

cash point

ATM (αυτόματη ταμειακή μηχανή)

currency exchange office

ανταλλακτήρια
συναλλάγματος

gold

χρυσός

silver

ασήμι

oil

πετρέλαιο

energy

ενέργεια

price

τιμή

contract

συμβόλαιο

tax

φόρος

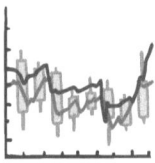

stock

μετοχή

work

δουλεύω

employee

υπάλληλος

employer

εργοδότης

factory

εργοστάσιο

shop

κατάστημα

occupations
επαγγέλματα

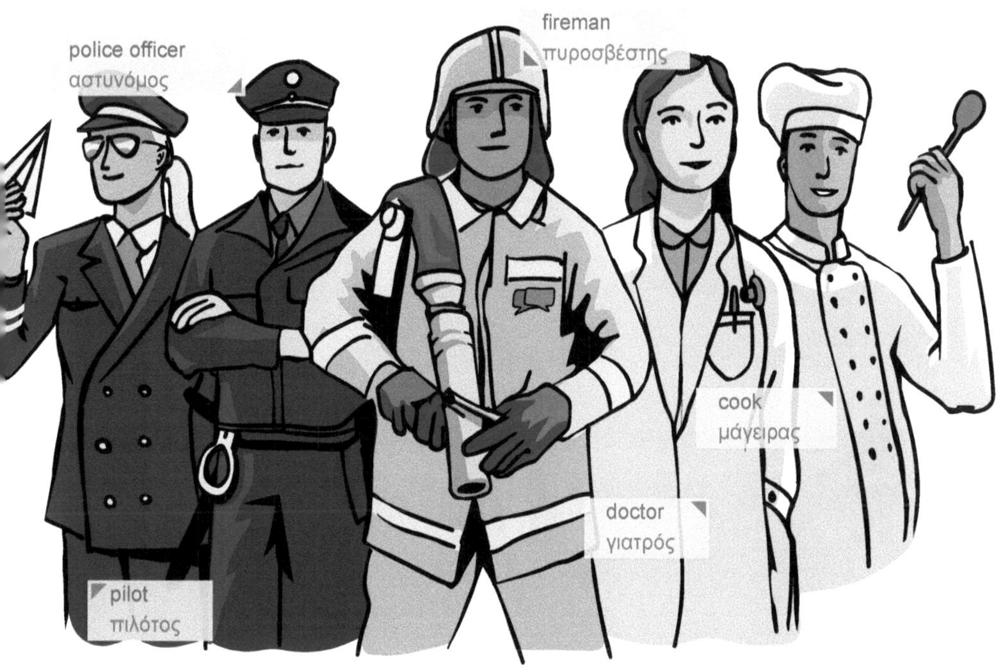

police officer
αστυνόμος
fireman
πυροσβέστης
cook
μάγειρας
doctor
γιατρός
pilot
πιλότος

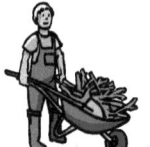

gardener

κηπουρός

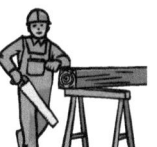

carpenter

ξυλουργός

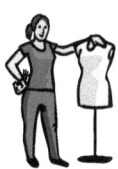

seamstress

μοδίστρα

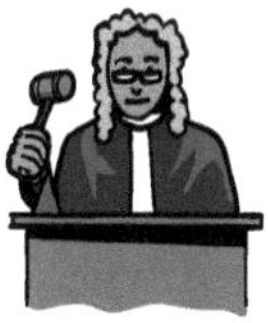

judge

δικαστής

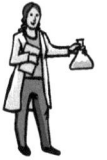

chemist

χημικός

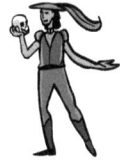

actor

ηθοποιός

bus driver

οδηγός λεωφορείου

taxi driver

ταξιτζής

fisherman

ψαράς

cleaning lady

καθαρίστρια

roofer

τεχνίτης στεγών

waiter

σερβιτόρος

hunter

κυνηγός

painter

ζωγράφος

baker

αρτοποιός

electrician

ηλεκτρολόγος

builder

οικοδόμος

engineer

μηχανολόγος

butcher

κρεοπώλης

plumber

υδραυλικός

postman

ταχυδρόμος

soldier
στρατιώτης

architect
αρχιτέκτονας

cashier
ταμίας

florist
ανθοπώλης

hairdresser
κομμωτής

conductor
ελεγκτής εισιτηρίων

mechanic
μηχανικός

captain
καπετάνιος

dentist
οδοντίατρος

scientist
επιστήμονας

rabbi
ραβίνος

imam
ιμάμης

monk
μοναχός

pastor
ιερέας

tools
εργαλεία

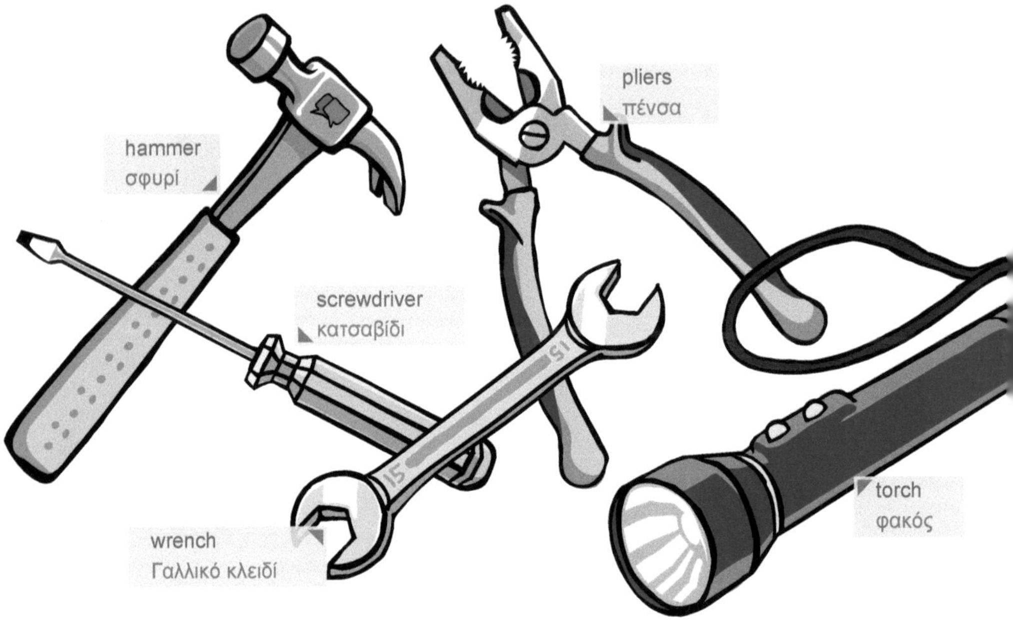
hammer
σφυρί
pliers
πένσα
screwdriver
κατσαβίδι
wrench
Γαλλικό κλειδί
torch
φακός

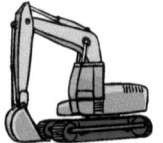

excavator

εκσκαφέας

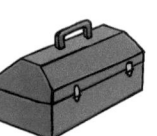

toolbox

εργαλειοθήκη

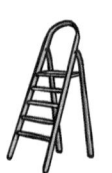

ladder

σκάλα

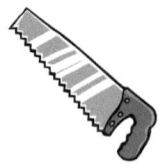

saw

πριόνι

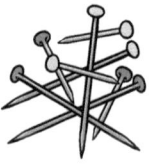

nails

καρφιά

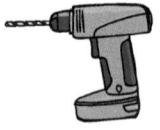

drill

τρυπάνι

repair

επισκευάζω

shovel

φτυάρι

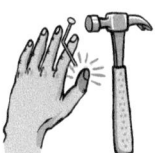

Damn!

Να πάρει!

dustpan

φαράσι

paint can

δοχείο χρωμάτων

screws

βίδες

musical instruments
μουσικά όργανα

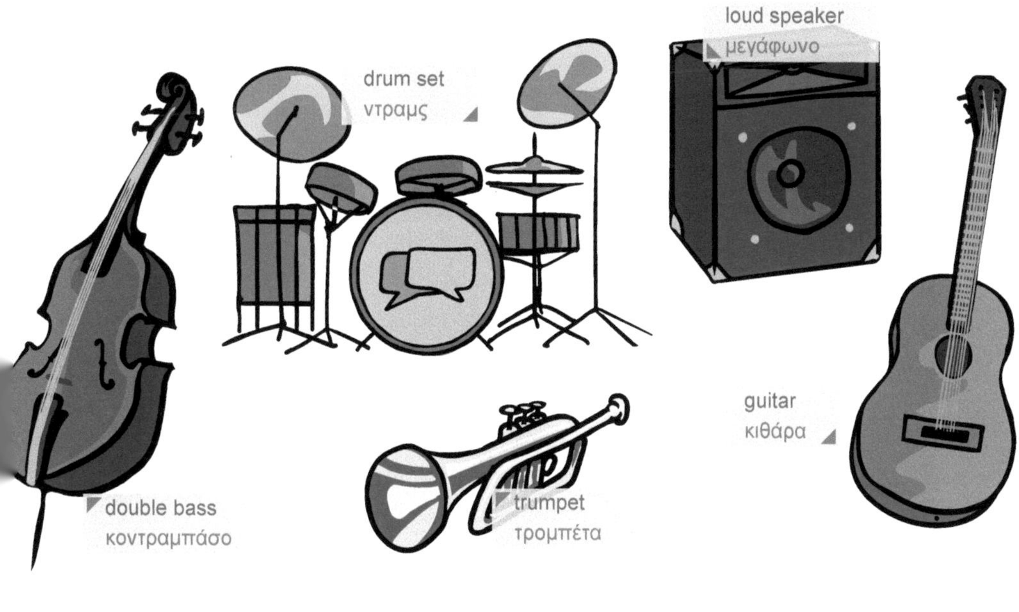

drum set
ντραμς

loud speaker
μεγάφωνο

guitar
κιθάρα

double bass
κοντραμπάσο

trumpet
τρομπέτα

piano
πιάνο

violin
βιολί

bass
μπάσο

timpani
τύμπανα

drums
τύμπανο

keyboard
πλήκτρα

saxophone
σαξόφωνο

flute
φλάουτο

microphone
μικρόφωνο

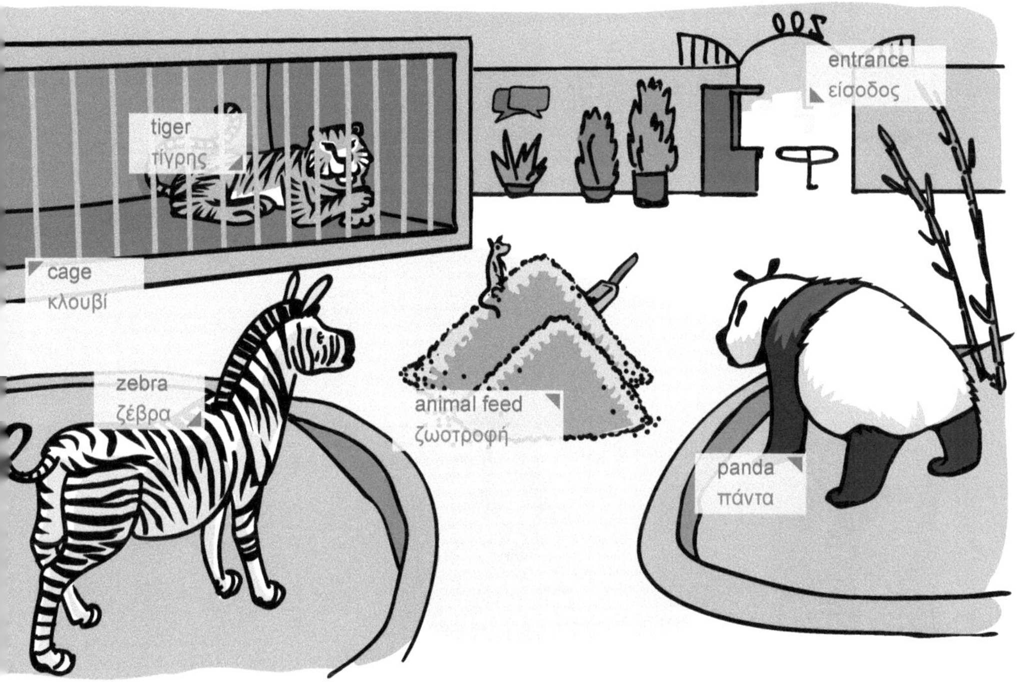

entrance
είσοδος

tiger
τίγρης

cage
κλουβί

zebra
ζέβρα

animal feed
ζωοτροφή

panda
πάντα

animals

ζώα

elephant

ελέφαντας

kangaroo

καγκουρό

rhino

ρινόκερος

gorilla

γορίλας

bear

αρκούδα

camel

καμήλα

ostrich

στρουθοκάμηλος

lion

λιοντάρι

monkey

πίθηκος

flamingo

φλαμίγκο

parrot

παπαγάλος

polar bear

πολική αρκούδα

penguin

πιγκουίνος

shark

καρχαρίας

peacock

παγώνι

snake

φίδι

crocodile

κροκόδειλος

zookeeper

φύλακας ζωολογικού κήπου

seal

φώκια

jaguar

τζάγκουαρ

zoo - ζωολογικός κήπος

pony

πόνυ

leopard

λεοπάρδαλη

hippo

ιπποπόταμος

giraffe

καμηλοπάρδαλη

eagle

αετός

boar

αγριογούρουνο

fish

ψάρι

turtle

χελώνα

walrus

θαλάσσιος ίππος

fox

αλεπού

gazelle

γαζέλα

zoo - ζωολογικός κήπος

American football
Αμερικάνικο ποδόσφαιρο

cycling
ποδηλασία

tennis
αντισφαίριση

basketball
μπάσκετ

swimming
κολύμβηση

boxing
πυγμαχία

ice hockey
χόκεϋ επί πάγου

soccer

ποδόσφαιρο

badminton

μπάντμιντον

athletics

στίβος

handball

χάντμπολ

skiing

σκι

polo

πόλο

activities
δραστηριότητες

laugh
γελάω
jump
πηδάω
hug
αγκαλιάζω
walk
περπατάω
sing
τραγουδάω
dream
ονειρεύομαι
pray
προσεύχομαι
kiss
φιλάω

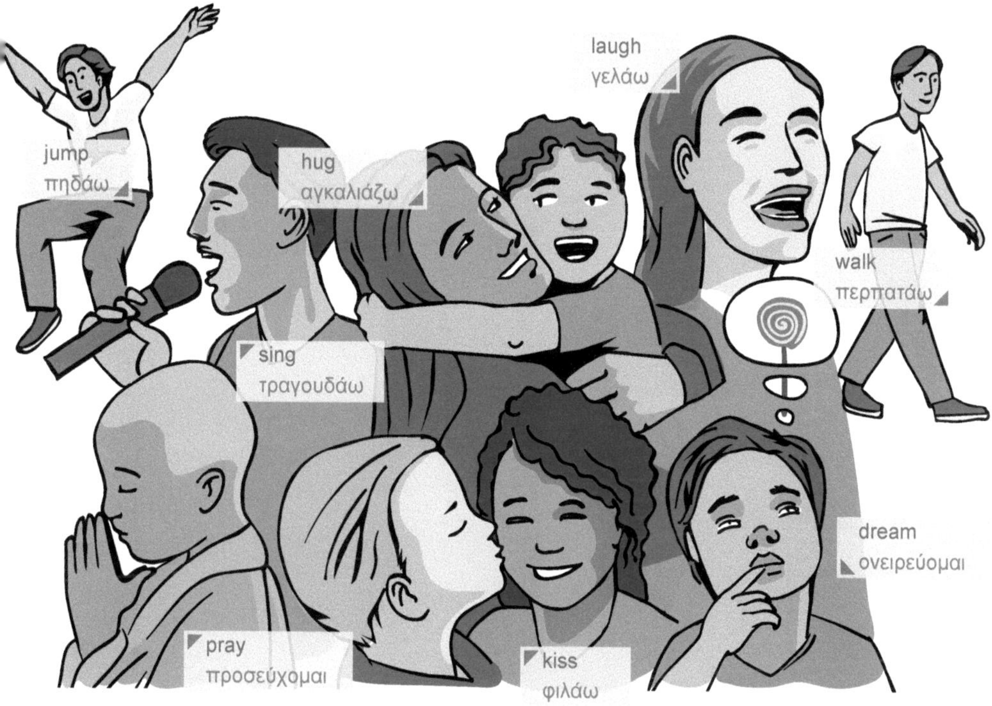

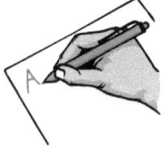

write
γράφω

draw
σχεδιάζω

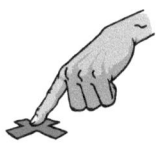

show
δείχνω

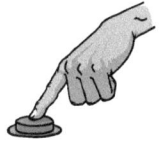

push
πιέζω

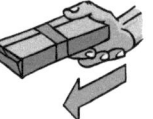

give
δίνω

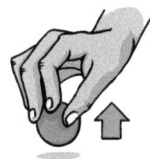

take
παίρνω

have

έχω

do

κάνω

be

είμαι

stand

στέκομαι

run

τρέχω

pull

τραβάω

throw

ρίχνω

fall

πέφτω

lie

ξαπλώνω

wait

περιμένω

carry

κουβαλώ

sit

κάθομαι

get dressed

φοράω

sleep

κοιμάμαι

wake up

ξυπνάω

activities - δραστηριότητες

look at

κοιτάω

cry

κλαίω

stroke

χαϊδεύω

comb

χτενίζω

talk

μιλάω

understand

καταλαβαίνω

ask

ρωτάω

listen

ακούω

drink

πίνω

eat

τρώω

tidy up

συγυρίζω

love

αγαπάω

cook

μαγειρεύω

drive

οδηγώ

fly

πετάω

sail

κάνω ιστιοπλοΐα

calculate

υπολογίζω

read

διαβάζω

learn

μαθαίνω

work

δουλεύω

marry

παντρεύομαι

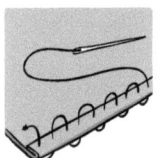

sew

ράβω

brush teeth

βουρτσίζω τα δόντια

kill

σκοτώνω

smoke

καπνίζω

send

στέλνω

family

οικογένεια

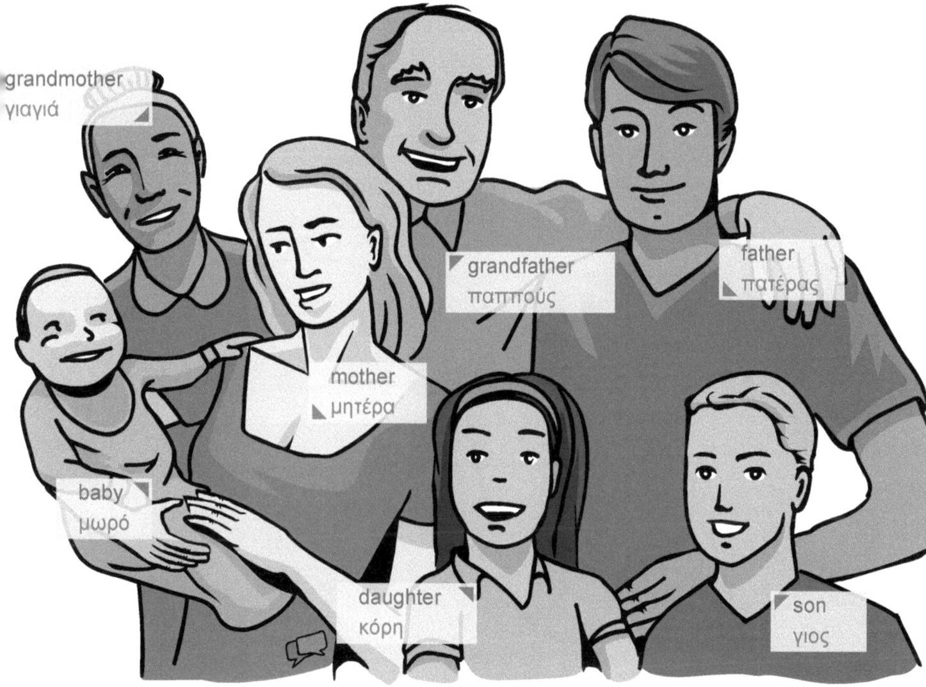
grandmother
γιαγιά
grandfather
παππούς
father
πατέρας
mother
μητέρα
baby
μωρό
daughter
κόρη
son
γιος

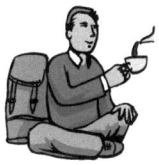

guest

καλεσμένος

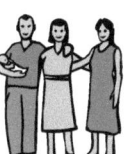

aunt

θεία

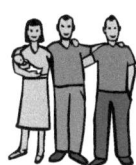

uncle

θείος

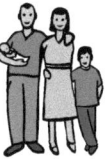

brother

αδελφός

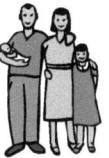

sister

αδελφή

body
σώμα

forehead
μέτωπο
eye
μάτι
shoulder
ώμος
finger
δάχτυλο
face
πρόσωπο
chin
πιγούνι
hand
χέρι
leg
πόδι
breast
στήθος
arm
βραχίονας

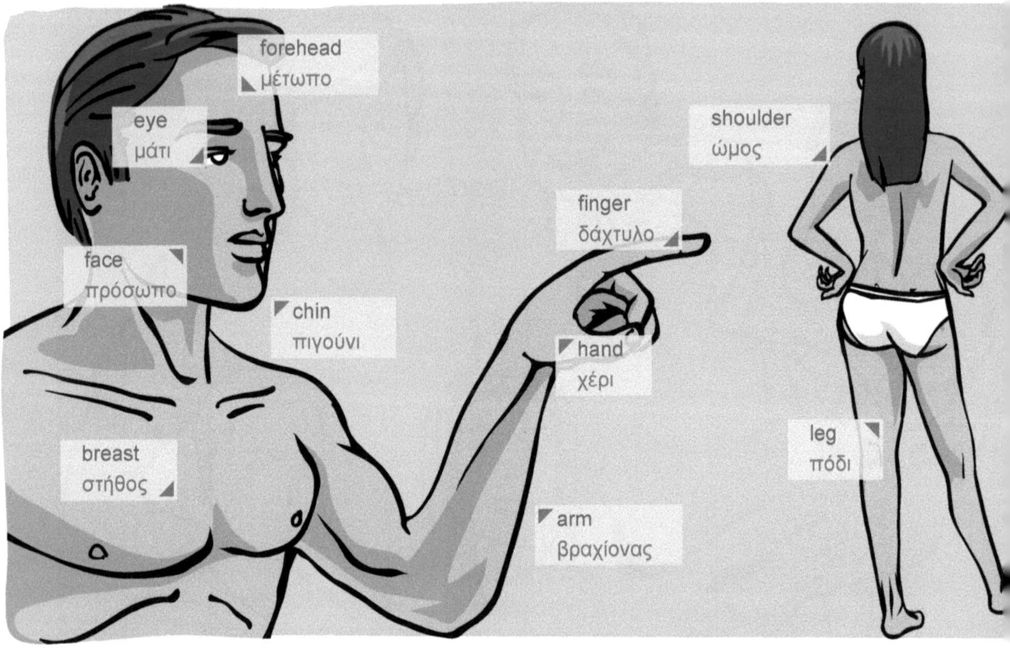

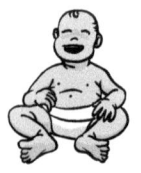

baby
μωρό

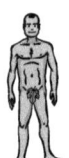

man
άνδρας

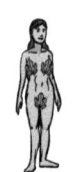

woman
γυναίκα

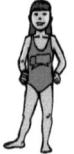

girl
κορίτσι

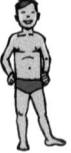

boy
αγόρι

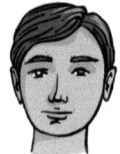

head
κεφάλι

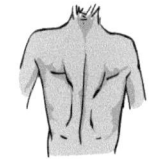

back

πλάτη

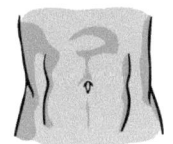

belly

κοιλιά

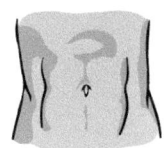

navel

αφαλός

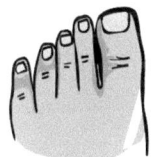

toe

δάχτυλο ποδιού

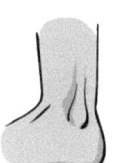

heel

φτέρνα

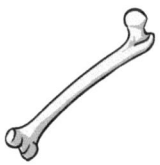

bone

κόκκαλο

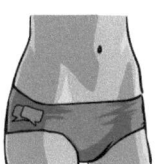

hip

γοφός

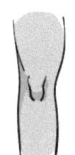

knee

γόνατο

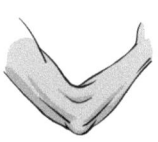

elbow

αγκώνας

nose

μύτη

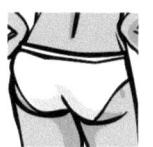

buttocks

γλουτός

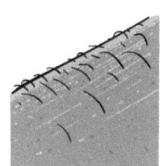

skin

δέρμα

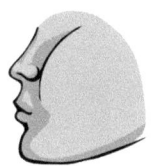

cheek

μάγουλο

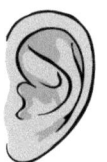

ear

αυτί

lip

χείλος

body - σώμα

mouth

στόμα

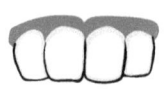

tooth

δόντι

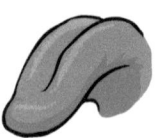

tongue

γλώσσα

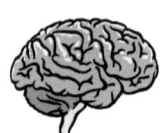

brain

εγκέφαλος

heart

καρδιά

muscle

μυς

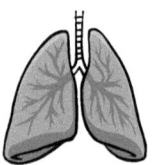

lung

πνεύμονας

liver

συκώτι

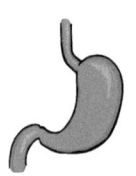

stomach

στομάχι

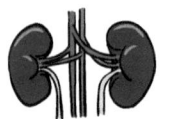

kidneys

νεφρά

sex

σεξουαλική επαφή

condom

προφυλακτικό

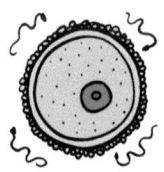

ovum

ωάριο

semen

σπέρμα

pregnancy

εγκυμοσύνη

body - σώμα

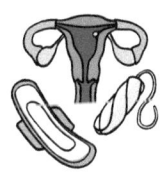

menstruation

περίοδος

vagina

γυναικείος κόλπος

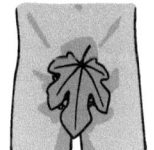

penis

πέος

eyebrow

φρύδι

hair

μαλλιά

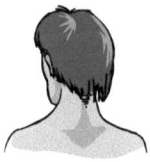

neck

λαιμός

hospital
νοσοκομείο

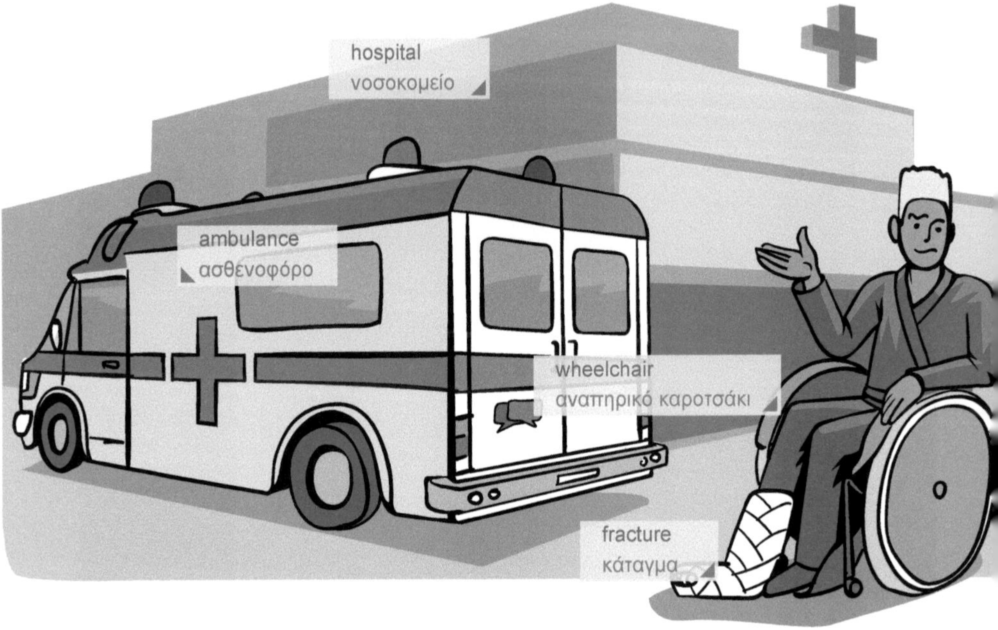

hospital
νοσοκομείο
ambulance
ασθενοφόρο
wheelchair
αναπηρικό καροτσάκι
fracture
κάταγμα

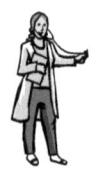

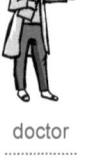

doctor

γιατρός

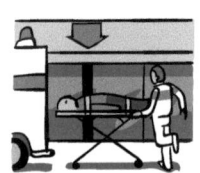

emergency room

μονάδα εντατικής θεραπείας

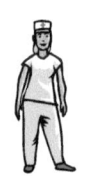

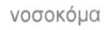

nurse

νοσοκόμα

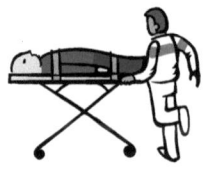

emergency

έκτακτη ανάγκη

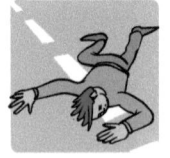

unconscious

λιπόθυμος

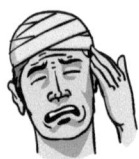

pain

πόνος

injury

τραύμα

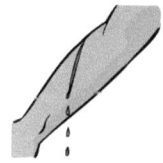

bleeding

αιμορραγία

heart attack

έμφραγμα

stroke

εγκεφαλικό

allergy

αλλεργία

cough

βήχας

fever

πυρετός

flu

γρίπη

diarrhea

διάρροια

headache

πονοκέφαλος

cancer

καρκίνος

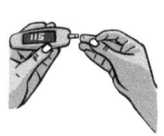

diabetes

διαβήτης

surgeon

χειρουργός

scalpel

νυστέρι

operation

εγχείρηση

CT

αξονική τομογραφία

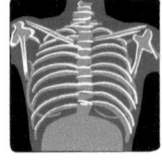

x-ray

ακτινογραφία

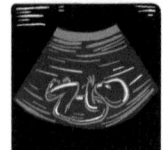

ultrasound

υπέρηχος

face mask

μάσκα

disease

ασθένεια

waiting room

αίθουσα αναμονής

crutch

πατερίτσα

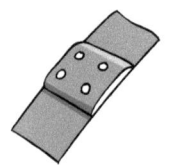

plaster

χάνσαπλαστ

bandage

επίδεσμος

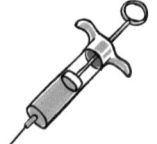

injection

ένεση

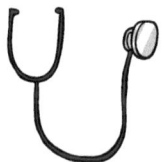

stethoscope

στηθοσκόπιο

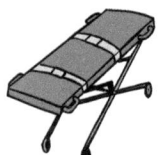

stretcher

φορείο

clinical thermometer

θερμόμετρο

birth

γέννηση

overweight

υπέρβαρο

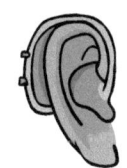

hearing aid

ακουστικό βαρηκοΐας

disinfectant

αντισηπτικό

infection

λοίμωξη

virus

ιός

HIV / AIDS

HIV/AIDS

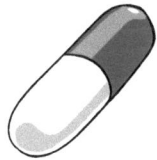

medicine

φάρμακο

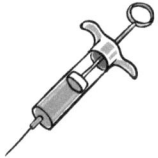

vaccination

εμβολιασμός

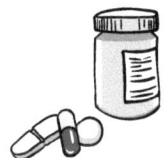

tablets

δισκία

pill

χάπι

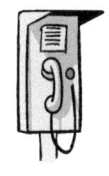

emergency call

κλήση έκτακτης ανάγκης

blood pressure monitor

πιεσόμετρο αίματος

ill / healthy

άρρωστος / υγιής

hospital - νοσοκομείο 75

Help!

Βοήθεια!

alarm

συναγερμός

assault

βιαιοπραγία

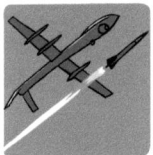

attack

επίθεση

danger

κίνδυνος

emergency exit

έξοδος κινδύνου

Fire!

Φωτιά!

fire extinguisher

πυροσβεστήρας

accident

ατύχημα

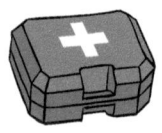

first-aid kit

κουτί πρώτων βοηθειών

SOS

SOS

police

αστυνομία

Europe

Ευρώπη

North America

Βόρεια Αμερική

South America

Νότια Αμερική

Africa

Αφρική

Asia

Ασία

Australia

Αυστραλία

Atlantic

Ατλαντικός Ωκεανός

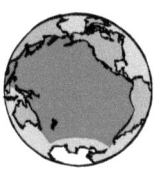

Pacific

Ειρηνικός Ωκεανός

Indian Ocean

Ινδικός Ωκεανός

Antarctic Ocean

Ανταρκτικός Ωκεανός

Arctic Ocean

Αρκτικός Ωκεανός

North pole

Βόρειος Πόλος

South pole

Νότιος Πόλος

Antarctica

Ανταρκτική

earth

Γη

land

γη

sea

θάλασσα

island

νησί

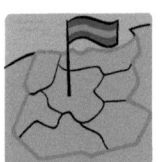

nation

έθνος

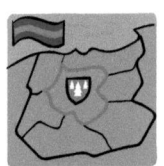

state

πολιτεία

clock face

καντράν ρολογιού

hour hand

ωροδείκτης

minute hand

λεπτοδείκτης

second hand

δείκτης δευτερολέπτων

What time is it?

Τι ώρα είναι;

day

ημέρα

time

χρόνος

now

τώρα

digital watch

ψηφιακό ρολόι

minute

λεπτό

hour

ώρα

week

εβδομάδα

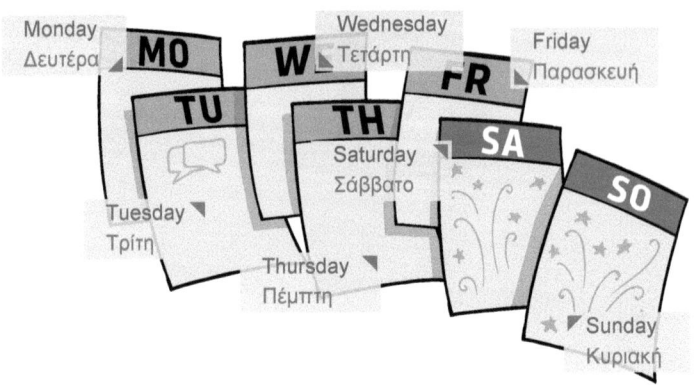

Monday / Δευτέρα
Wednesday / Τετάρτη
Friday / Παρασκευή
Tuesday / Τρίτη
Saturday / Σάββατο
Thursday / Πέμπτη
Sunday / Κυριακή

yesterday

χθες

today

σήμερα

tomorrow

αύριο

morning

πρωί

noon

μεσημέρι

evening

βράδυ

MO	TU	WE	TH	FR	SA	SU
1	2	3	4	5	6	7
8	9	10	11	12	13	14
15	16	17	18	19	20	21
23	23	24	25	26	27	28
29	30	31	1	2	3	4

workdays

εργάσιμες ημέρες

MO	TU	WE	TH	FR	SA	SU
1	2	3	4	5	6	7
8	9	10	11	12	13	14
15	16	17	18	19	20	21
22	23	24	25	26	27	28
29	30	31	1	2	3	4

weekend

Σαββατοκύριακο

rain
βροχή

spring
άνοιξη

summer
καλοκαίρι

snow
χιόνι

wind
άνεμος

fall
φθινόπωρο

winter
χειμώνας

4.APRIL	11°	☀
5.APRIL	4°	
6.APRIL	13°	
7.APRIL	8°	☀
8.APRIL	10°	☀

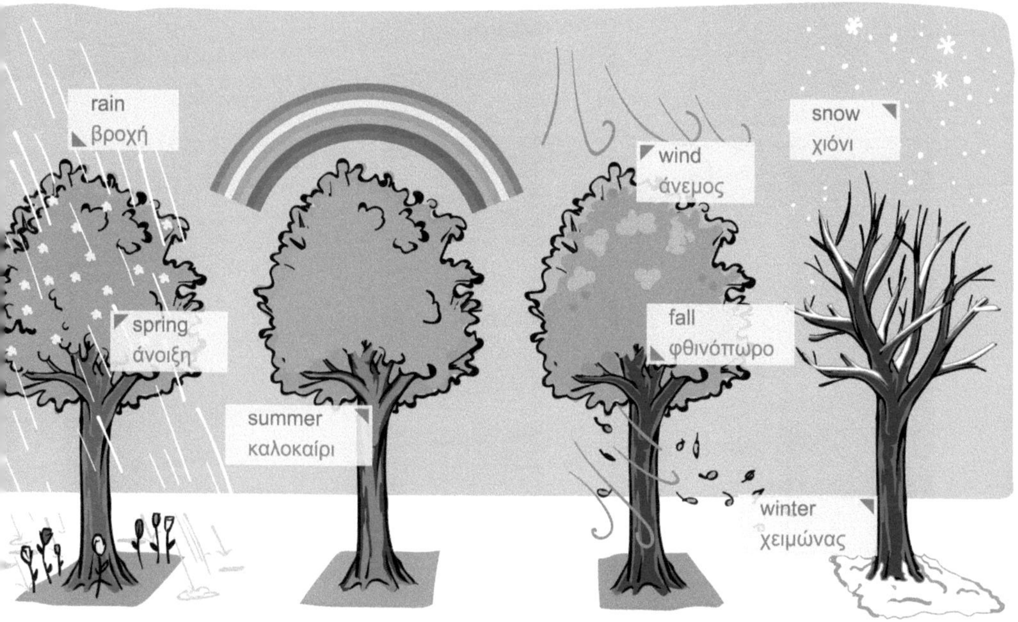

weather forecast
πρόγνωση καιρού

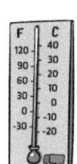

thermometer
θερμόμετρο

sunshine
λιακάδα

cloud
σύννεφο

fog
ομίχλη

humidity
υγρασία

lightning

αστραπή

thunder

κεραυνός

storm

καταιγίδα

hail

χαλάζι

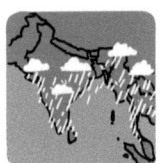

monsoon

μουσώνας

flood

πλημμύρα

ice

πάγος

January

Ιανουάριος

February

Φεβρουάριος

March

Μάρτιος

April

Απρίλιος

May

Μάιος

June

Ιούνιος

July

Ιούλιος

August

Αύγουστος

year - έτος

September
Σεπτέμβριος

October
Οκτώβριος

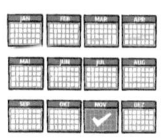

November
Νοέμβριος

December
Δεκέμβριος

shapes
σχήματα

circle
κύκλος

square
τετράγωνο

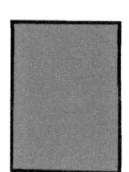

rectangle
ορθογώνιο
παραλληλόγραμμο

triangle
τρίγωνο

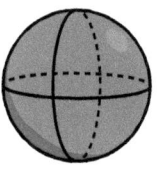

sphere
σφαίρα

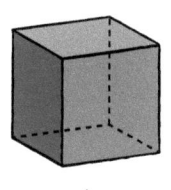

cube
κύβος

white
....
άσπρο

yellow
....
κίτρινο

orange
....
πορτοκαλί

pink
....
ροζ

red
....
κόκκινο

purple
....
μωβ

blue
....
μπλε

green
....
πράσινο

brown
....
καφέ

gray
....
γκρι

black
....
μαύρο

a lot / a little
πολύ / λίγο

angry / calm
θυμωμένος / ήρεμος

beautiful / ugly
όμορφος / άσχημος

beginning / end
αρχή / τέλος

big / small
μεγάλος / μικρός

bright / dark
φωτεινός / σκοτεινός

brother / sister
αδελφός / αδελφή

clean / dirty
καθαρός / λερωμένος

complete / incomplete
πλήρης / ατελής

day / night
ημέρα / νύχτα

dead / alive
νεκρός / ζωντανός

wide / narrow
φαρδύς / στενός

edible / inedible

βρώσιμος / μη βρώσιμος

evil / kind

κακός / ευγενικός

excited / bored

ενθουσιασμένος / βαριεστημένος

fat / thin

παχύς / λεπτός

first / last

πρώτος / τελευταίος

friend / enemy

φίλος / εχθρός

full / empty

γεμάτος / άδειος

hard / soft

σκληρός / μαλακός

heavy / light

βαρύς / ελαφρύς

hunger / thirst

πείνα / δίψα

ill / healthy

άρρωστος / υγιής

illegal / legal

παράνομος / νόμιμος

intelligent / stupid

έξυπνος / χαζός

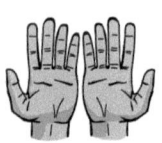

left / right

αριστερός / δεξιός

near / far

κοντινός / μακρινός

new / used

καινούριος /
μεταχειρισμένος

nothing / something

τίποτα / κάτι

old / young

γέρος | νέος

on / off

αναμμένος / σβηστός

open / closed

ανοιχτός / κλειστός

quiet / loud

χαμηλόφωνος /
μεγαλόφωνος

rich / poor

πλούσιος / φτωχός

right / wrong

σωστός / λανθασμένος

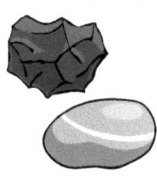

rough / smooth

τραχύς / λείος

sad / happy

υπημένος / χαρούμενος

short / long

κοντός / μακρύς

slow / fast

αργός / γρήγορος

wet / dry

υγρός / στεγνός

warm / cool

ζεστός / δροσερός

war / peace

πόλεμος / ειρήνη

0	**1**	**2**
zero	one	two
μηδέν	ένα	δύο

3	**4**	**5**
three	four	five
τρία	τέσσερα	πέντε

6	**7**	**8**
six	seven	eight
έξι	εφτά	οκτώ

9	**10**	**11**
nine	ten	eleven
εννιά	δέκα	έντεκα

12

twelve
δώδεκα

13

thirteen
δεκατρία

14

fourteen
δεκατέσσερα

15

fifteen
δεκαπέντε

16

sixteen
δεκαέξι

17

seventeen
δεκαεφτά

18

eighteen
δεκαοκτώ

19

nineteen
δεκαεννέα

20

twenty
είκοσι

100

hundred
εκατό

1.000

thousand
χίλια

1.000.000

million
εκατομμύριο

| English | American English | Chinese Mandarin |
| Αγγλικά | Αμερικάνικα Αγγλικά | Μανδαρίνικα Κινέζικα |

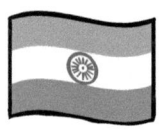 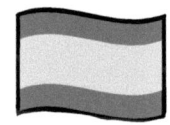 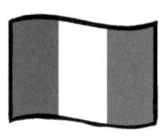

| Hindi | Spanish | French |
| Χίντι | Ισπανικά | Γαλλικά |

 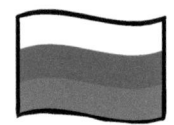 

| Arabic | Russian | Portuguese |
| Αραβικά | Ρώσικα | Πορτογαλικά |

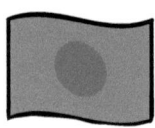 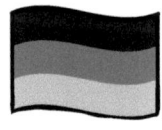 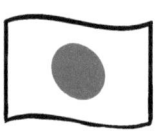

| Bengali | German | Japanese |
| Μπενγκάλι | Γερμανικά | Ιαπωνικά |

I
....
εγώ

you
....
εσύ

he / she / it
....
αυτός / αυτή / αυτό

we
....
εμείς

you
....
εσείς

they
....
αυτοί / αυτές / αυτά

who?
....
ποιος / ποια / ποιο;

what?
....
τι;

how?
....
πώς;

where?
....
πού;

when?
....
πότε;

name
....
όνομα

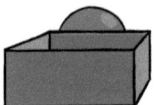

behind

πίσω

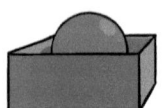

in

μέσα

in front of

μπροστά

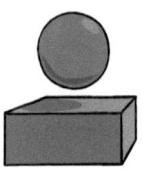

over

πάνω από

on

πάνω

under

κάτω

beside

δίπλα

between

ανάμεσα

place

μέρος